AF233846

PRÉLIMINAIRE.

—

CITOYENS TRAVAILLEURS !

Une ère nouvelle s'ouvre devant nous ; la marche incessante du progrès qui indique à l'homme d'améliorer sa condition, vient, par la Révolution de Février, d'atteindre au degré suprême l'association fraternelle, unitaire et solidaire. Aussi, les ouvriers ont-ils salué son avénement avec bonheur ! Déjà beaucoup de corporations sont organisées ou s'organisent. Celle des Poëliers ne peut rester indifférente à cette grande œuvre de régénération sociale. Non, citoyens ; comme nos frères, nous déploierons le zèle et l'activité nécessaire pour arriver au but. Comprenant comme eux que nos droits, nos devoirs, notre dignité, même nos intérêts, nous invitent à l'association, sans laquelle *Liberté, Egalité, Fraternité* ne seraient encore pour nous que de vains mots. Pour ceux qui en pourraient douter, examinons brièvement la position : L'ouvrier, tel qu'il était et tel qu'il est encore en dehors de l'association, a-t-il la liberté ? non, car il est placé sous l'autorité absolue et arbitraire de celui qui l'occupe, qui s'appelle maître, agit comme tel, et qui, souvent, lui impose des conditions extrêmement fâcheuses, tant sous le rapport de ses intérêts que de sa dignité personnelle. Y a-t-il pour lui égalité ? non, car qui dit maître, dit esclave, et dans aucun cas, sous le rapport du bien-être moral ou physique, l'esclave ne peut être l'égal du maître, quoi qu'il puisse se surpasser soit en capacité ou en moralité. Qu'est pour lui la fraternité ? Nulle ou dérisoire, car il n'est considéré par le maître qui l'occupe que comme un instrument de fortune ; partant, il le pressure le plus possible, ce qui constitue l'odieux monopole de l'exploitation de la vie de l'homme par l'homme ; c'est tellement vrai, que, lorsque l'ouvrier se trouve atteint d'infirmités accidentelles ou de l'âge, alors pour lui les besoins se multiplient, par le plus froid égoïsme on diminue son salaire insensiblement jusqu'à zéro, finissant par ne plus vouloir l'occuper. Qu'en résulte-t-il, si la vie résiste à ce système destructeur ? Vous le savez tous, citoyens ; c'est que (à quelques exceptions près), son dernier refuge est la charité par privilége ou le dépôt de mendicité, après avoir imprimé une indigne flétrissure à sa vieillesse !!!

Citoyens, ce langage n'est que l'exposé fidèle d'une bien triste vérité ; loin de nous tout esprit de récrimination : nous n'adressons de reproches à personne ; nous pensons qu'on agissait alors d'après l'esprit du système de l'époque ; mais maintenant nous devons le dire : jettons un épais rideau sur le sombre tableau du passé, tâchons, même, de l'oublier s'il est possible, et si nous nous le rappelons, que ce soit comme un préservatif pour l'avenir. D'après cet exposé, les plus ignorants comme les plus incrédules doivent reconnaître que l'association est destinée à procurer un bien-être physique l'ouvrier en le faisant jouir du produit intégral de son travail ; un bien-être moral en rétablissant et maintenant sa dignité qui est, en droit, l'égale de tout homme sur la terre. Seule, l'association, par la solidarité fraternelle peut garantir à l'ouvrier une condition d'existence honorable pour ses vieux jours ; enfin, seule, elle peut faire triompher notre belle devise : *Liberté, Egalité, Fraternité.*

Mais, citoyens, pour que l'association porte ses fruits, en un mot, qu'elle soit pour nous régénératrice, il faut qu'elle soit établie sur des bases larges et solides, c'est-à-dire qu'il lui faut une constitution qui, par ses combinaisons sages et fermes, puisse concilier les droits et intérêts de tous, entraînant ainsi à une confiance réciproque et indispensable, pour la réussite et la prospérité de la Société, but que nous voulons atteindre.

D'après ces considérations puissantes, plusieurs membres de la corporation des poëliers tôliers arrêtent à l'unanimité de former une association unitaire et solidaire, et font un appel sincère et fraternel à tous les patrons et ouvriers de la profession qui n'en auraient pas encore connaissance, pensant avec raison qu'ils sont pénétrés des mêmes sentiments qui nous animent, et que dès-lors il nous apporteront, en s'adjoignant à nous, leur concours de lumières et de capacités.

Oui, citoyens, aujourd'hui tout homme de cœur et d'intelligence rejette l'individualisme qui divise les hommes, les rend injustes, même barbares pour ses semblables, cause les désordres et les malheurs de l'humanité ; il le repousse encore comme une cause permanente de scandale et de ruine ; en effet, ne voyons-nous pas journellement des fortunes bien ou illicitement acquises, étaler un luxe effréné ? tandis qu'entraînées par la même cause, d'autres fortunes malheureusement ou misérablement perdues montrent les débris de leur chûte et sont quelquefois réduites, par des moyens quelconques, à implorer l'assistance publique ; mais dans ce cas, l'assistance est bien faible, retenue qu'elle est toujours par l'égoïsme individuel Eh bien, citoyens travailleurs, patrons et ouvriers, à nous de prendre l'initiative pour détruire ce cancer qui corrompt et détruit la société ; à nous de même, par l'association unitaire et solidaire, l'honneur de chasser le paupérisme qni nous oppresse ; enfin à nous, par notre union franche et loyale, de prouver que la fraternité sera désormais une sublime vérité.

qu'ils sont ouvriers de la profession, offrant de même des ga-
ranties de probité et de bonne conduite. Ils devront être âgés
de 21 ans au moins, de 45 ans au plus, et néanmoins les fon-
dateurs, patrons et ouvriers, pourront être admis jusqu'à 50
ans.

ART. 23. Les postulants devront se faire présenter par un
des membres de l'association, être porteurs et déposer ses
preuves conditionnelles. Ls tout sera transcrit par le secrétaire sur un registre à cet effet, puis affiché dans les sections;
après un mois d'affiches, s'il n'y a aucune opposition, ils seront considérés comme admis et seront appelés à signer l'engagement, puis, d'après leur numero d'inscription et les besoins de l'association, ils seront mis en activité; mais nul ne
sera considéré associé si, à son inscription, il ne fait un versement fractionnel d'au moins cinq francs, et ensuite les versements mensuels.

ART. 24. Il n'y aura aucune distinction d'admission pour les
patrons qui viendront s'adjoindre à l'association. Tant qu'au
matériel, te outillage dont ils pourraient disposer, l'association
n'en fera l'acquisition qu'au fur et à mesure de l'agrandisse-
ment de l'établissement et par estimation, tel qu'il est dit à
l'article 8.

ART. 25. Comme nul ne peut se lier indéfiniment, les cir-
constances de la vie, forçant à des déplacements, et que, de
même, toute contrainte serait contraire au principe de liberté :
par ces motifs, les associés pourront, quand bon leur semblera,
donner leur démission; mais ils n'auront droit à un remboursement de leur mise de fonds que quand leurs remplaçants, dans
l'association, auront versé la moitié de leurs mises de fonds;
alors seulement il leur sera remboursé la moitié; mais dans
aucun cas les sommes versées à la Caisse de secours fraternels
ne sont remboursables; ni la part que les démissionnaires pourraient avoir dans les bénéfices de l'année, qui restera comme
indemnité à l'association pour le préjudice causé par ces déplacements.

Tout associé qui démissiounerait pour créer un établissement de la profession, dans la ville de Lyon ou faubourgs,
venant ainsi en concurrence à l'association, perdra tout recours
de remboursement de sa mise de fonds.

TITRE IV.

Finances.

ART. 26. Le capital social représente   francs par
associé, fonds intégral en numéraire. La solidarité générale
s'étend jusqu'à extinction du capital social et du matériel de
l'établissement. La solidarité de chaque associé ne s'étend

complète, il lui sera remis une action de   francs
en échange de ses coupons.

Art. 8. L'établissement servant à la confection et à l'exploitation de tout ce qui est relatif à la profession, sera fixé à
Lyon, et dans une position très convenable. Le matériel et
outillage sera fourni par les associés (du moins autant que
posible); ses apports ne seront pas compris comme versement de tout, ni même partie des mises de fonds; ils seront
estimés équitablement en présence des propriétaires, et, après
acceptation des parties, il en sera fait enregistrement, puis
remis aux propriétaires des coupons de la valeur de leur apport, portant intérêt à   pour cent, jusqu'à paiement.

Art. 9. L'association prenant pour mission de procurer le
bien-être, non seulement à quelques-uns, mais, sous tous les
rapports, au plus grand nombre possible; elle fixe la journée
de travail effectif à dix heures; à moins de cas de force majeure il ne sera dérogé de ce principe, et, pour le même motif,
le travail du dimanche est interdit dans l'association.

S'il y avait abondance de travail, il sera mis de nouveaux
associés en activité, ou à défaut, il sera pris des ouvriers
auxiliaires afin de satisfaire aux commandes; ces ouvriers seront payés aux prix du tarif de l'association, mais ils n'auront droit à aucun bénéfice, ne participant à aucun frais. Ils
pourront être remerciés en les prévenant huit jours d'avance.

Art. 10. Considérant également que, tout travail fait par
les ouvriers, et qui ne sont pas essentiellement de la profession, tel que le charroie des marchandises brutes ou confec-
tionnées etc., est autant d'anticipation sur les droits des hommes sans professions, dits hommes de peines, à qui l'on doit,
non seulement laisser, mais encore faciliter les moyens de
pourvoir à leur existence par le travail : Par ces motifs, l'association interdit tout travail de ce genre à ses membres, et
prendra les hommes de peines nécessaires à l'établissement.

Art. 11. Considérant de même que, dans l'intérêt général,
les associations doivent se faciliter autant que possible par tous
les moyens à leur disposition, et particulièrement par le travail. Par ces motifs, l'association des poëliers s'engage à ne
faire travailler, pour les travaux nécessaires à l'établissement,
que les corporations ou associations.

Art. 12. Il ne sera fait d'apprentis que dans la proportion
d'un vingtième du nombre des associés. Ils ne seront admis
qu'à quinze ans au moins; ils seront engagés pour trois ans :
la première année gratuite; la seconde ils seront rétribués à
un franc par jour; la troisième à deux francs; puis après, s'
y a lieu, occupé comme ouvriers auxiliaires, jusqu'à l'époqu

où ils pourraient s'engager comme associés.

ART. 13. Il sera fondé, par l'association, un bureau et une caisse de secours fraternels ; cette caisse sera entièrement indépendante et non solidaire de celle des opérations industrielles et commerciales ; les fonds inaliénables étant la propriété des malades et pensionnés ; cette caisse sera alimentée par un déboursé mensuel de chaque associé, fixé à 2 francs.

ART 14. Tous les ans, à époque fixe, il sera fait un inventaire de l'avoir de la société ; puis après, en réunion générale des membres de l'association, il sera donné connaissance des résultats de l'inventaire et procédé au partage des bénéfices (après toutefois en avoir prélevé un cinquième au profit des pensionnés ; mais nul ne recevra sa part de bénéfices s'il n'a pas fait sa mise de fonds ; le bénéfice servant alors à la continuer ou à la compléter.

TITRE II.

Administration.

ART. 15. L'administration de la Société sera composée ainsi qu'il suit :

Un gérant principal ou directeur ;
Un gérant particulier pour chaque section ;
Un teneur de livres ; un caissier ;
Un secrétaire, commis de magasin.

ART. 16. Le directeur sera nommé à la majorité absolue du nombre des associés, et pour un temps illimité ; il ne pourra être révoqué que sur la demande formelle des deux tiers des associés ; à moins de cas de force majeure, sa démission ne sera acceptée que dans les mêmes conditions, devant être choisi parmi les plus capables, soit par les connaissances acquises du travail professionnel, soit par celles administratives et commerciales.

Le directeur est spécialement chargé de toutes les démarches, traités, ventes, achats faits au nom de l'association, la représentant officiellement. A cet effet, seul il aura la signature sociale, mais il ne pourra s'en servir que pour les opérations professionnelles et commerciales de l'association, d'après les prix établis ; toute autre opération sera décidée en autorité par le conseil. Par ces motifs, il peut, quand il le juge nécessaire, convoquer le conseil dont il occupera la présidence. Ces convocations devront indiquer le motif de la réunion.

ART. 17. Les gérants : Chaque section nommera son gérant à la majorité ; ils seront nommés pour un an et toujours rééligibles. Le gérant de la première section sera sous-directeur, et chargé, en l'absence du directeur principal, de la gestion intérieure de l'établissement; par conséquent, son élection sera soumise à l'approbation générale des associés.

Les gérants sont spécialement chargés de la comptabilité de leurs sections, ainsi que de la distribution du travail aux associés.

ART. 18. Le caissier, ainsi que le teneur de livres pourront être choisis en dehors de la profession, mais aux conditions d'associésNéanmoins, ils ne seront considérés associés réels qu'au bout d'un an de fonctions comme essai d'incapacités), capacités, l'association étant dans l'impossibilité (en cas de leur donner un autre emploi.

ART. 19. Le secrétaire, commis de magasin sera choisi parmi les associés travailleurs, étant indispensable qu'il connaisse bien les diverses qualités des marchandises qu'il est appelé à reconnaître.

ART. 20. Les associés administrateurs devant être ouvriers de première classe, ou ainsi considérés dans leurs fonctions, seront rétribués comme tels. Comme il est nécessaire que l'association soit continuellement (du moins autant que possible), représentée par son gérant principal, il aura son domicile attenant à l'établissement, et fourni par l'association.

ART. 21. Il sera formé un conseil de surveillance, composé de deux membres travailleurs de chaque section; ils seront nommés dans les mêmes conditions que le gérant; ils se nommeront un président, tiendront des réunions particulières quand ils le jugeront nécessaire, puis, par l'organe de leur président, ils pourront demander vérification de toute opération qu'ils croiraient douteuses enfin ils doivent, chacun en ce qui le concerne, exercer une surveillance active, tant à l'intérieur qu'à l'extérieur. Sur la convocation du directeur (tel qu'il est dit dans l'article 16), le conseil s'adjoindra à l'administration et aura voix délibérative; ses réunions prendront le nom de Conseil de famille, les membres du conseil de surveillance devant prendre l'avis à la majorité de leurs sections respectives avant de se réunir; en cas de dissidences graves dans le Comité, c'est-à-dire que si la majorité n'était que d'une voix, sur la demande de la minorité, réunion réunion générale des associés serait commandée pour le dimanche suivant, afin de résoudre la question par le vote à la majorité des membres présents. Dans l'un ou l'autre cas, procès-verbal sera dressé à la diligence du secrétaire pour être affiché dans les sections.

TITRE III.

Admissions. — Démissions.

ART. 22. Les citoyens qui voudront faire partie de l'association devront être porteurs d'un livret en règle, constatant

STATUTS CONSTITUTIFS

De l'Association.

❖

TITRE PREMIER.

Organisation sociale.

ARTICLE 1er. La Société prendra pour dénomination ce titre : *Association fraternelle, unitaire et solidaire des Travailleurs Poëliers, Tôliers de la ville de Lyon et faubourgs.*

ART. 2. L'association a pour bases : l'unité et solidarité fraternelle, égalité des prix de main-d'œuvre, égalité dans le partage des bénéfices; enfin égalité de droits au travail.

ART. 3. L'association a pour but de procurer une honnête aisance à l'ouvrier, en le faisant jouir da produit intégral de son travail pendant sa vie active, et de lui assurer, contre les éventualités d'infirmités accidentelles ou de l'âge, une condition d'existence honorable pour ses vieux jours, par le moyen d'une pension payée par l'association.

ART. 4. L'association est fondée pour être perpétuelle; la dissolution ne pouvant avoir lieu du fait des membres qui la composent; elle ne pourrait avoir lieu que par l'absorption du capital social et dn matériel de l'établissement.

ART 5. Le nombre des associés est illimité. Ce nombre sera divisé par sections de vingt hommes, dirigées par un gérant; chaque section aura sa spécialité de travail.

ART. 6. L'association basera les prix de main-d'œuvre de manière à ce que le minimum de la journée de travail soit de trois francs; malgré cette fixation, elle n'a nullement intention d'augmenter les prix de vente des articles de la profession et autres marchandises qui y sont relatives, mais sans esprit de concurrence, l'association, dans les limites du possible, fera en sorte de les maintenir tels qu'ils sont aujourd'hui, ayant la ferme intention de se distinguer par une bonne confection.

ART. 7. La mise de fonds de chaque associé est de   francs, avec l'attitude de versements par fraction, qui, en tout cas, ne pourront être moindres de cinq francs par mois, pour les associés en activité; chaque déposant recevra un coupon de la valeur de son versement, et lorsque sa mise de fonds sera pas au-delà de la mise de fonds ; comme de même les créanciers particuliers aux aux associés n'auront aucun droit sur les mises de fonds, étant la garantie des créanciers de l'association et sa propriété.

Art. 27. L'association fera ses paiements deux fois par an, commençant ainsi : le premier semestre, il ne sera payé que les factures du premier trimestre ; celles du second trimestre seront reversibles et payées avec celles du premier trimestre et du second semestre, afin d'établir, d'une manière équitable, le temps du crédit accordé dans le commerce ; et ainsi sera continué avec tous les fournisseurs de l'association.

Art. 28. L'association fera ses rentrées deux fois par an également, et dans les mêmes conditions, mais un mois avant le paiement. Il est bien entendu que ce mode de rentrées n'est applicable que pour les livraisons d'articles ou travaux faits par conventions écrites, et non pour ceux dits du casuel.

Art. 29. Les associés ou auxiliaires recevront la rétribution de leur travail le premier dimanche de chaque mois ; mais pour faciliter la répartition du travail fait par chacun des associés, il sera toujours laissé une quinzaine en réserve.

Art. 30. Les versements des mises de fonds ne rapporteront intérêt que lorsqu'ils auront atteint la somme de   francs. Ainsi ceux des associés qui, par leur position, pourraient faire versement de tout ou du moins moitié de leurs mises de fonds à leur entrée dans l'association, en retireront intérêt au taux de trois pour cent ; toute somme fournie à l'associatiou en dehors des mises de fonds ; soit par les associés ou autres, pourront rapporter intérêt à un taux supérieur débattu entre les parties.

Art. 31. Les fonds appartenant à l'association seront déposés dans une caisse attenant à l'établissement et fermant à trois clés : l'une en possession du caissier, l'autre du directeur, et la troisième entre les mains du président du conseil de surveillance. A l'époque des paiements généraux, sur le vu des comptes, il en sera extrait la somme nécessaire au paiement. Il en sera fait de même le premier dimanche de chaque mois pour le paiement des associés et auxiliaires. Tous les fonds de recette seront, aussitôt leurs inscriptions, déposées en caisse.

Art. 32. Considéraut que l'association aurait au moins dix années d'existence avant d'avoir des invalides à pensionner, ce qui permettrait à la somme provenant du cinquième des bénéfices retranchés à ce sujet, de prendre un développement assez considérable. Considérant en outre que cette somme, d'après sa destination, doit rapporter intérêt, ce qui est d'urgence, mais qu'aussi il faut qu'elle soit à l'abri de toute éventualité commerciale. Par ces motifs, cette somme sera placée annuellement en première hypothèque, ou plus tard, venant à atteindre un chiffre suffisant, elle serait employée à l'acquisition d'un immeuble convenable pour recevoir les célibataires en retraite.

TITRE V.

Révocations. — Exclusions.

ART. 33. Considérant qu'il est indispensable de maintenir la confiance par l'ordre et l'économie, ce qui est la garantie morale de la Société, ainsi que de sa prospérité financière; par ces motifs, chaque associé est, et demeure responsable de son travail et de ses actes vis-à-vis de ses co-associés, et en supportera les conséquences s'il y a lieu.

ART. 34. Seront révoqués ceux qui, après un certain temps de fonctions administratives, seraient reconnus totalement incapables de les remplir; également ceux qui apporteraient journellement de la négligence dans l'exercice de leurs fonctions, compromettant ainsi l'intérêt général.

ART. 35. Tout associé contrevenant aux dispositions de la Constitution ou du Règlement de service, qui serait condamné par le conseil de famille à une réparation quelconque, refuserait de s'y soumettre et chercherait à fomenter la division, le premier dimanche du mois suivant, le conseil prononcera son exclusion définitive; s'il ne consent à se soumettre à la décision du conseil; il en sera de même pour tout associé qui viendrait à mener une vie telle qu'elle serait un objet de scandale public, après, toutefois, avoir essayé de le ramener à des sentiments plus honorables. En aucun cas, les membres exclus ne pourront être réintégrés. Le remboursement de leurs mises de fonds s'effectuera tel qu'il est dit à l'article 25 pour les démissionnaires.

ART. 36. Sera expulsé tout associé, administrateur ou autre, qui, par fraude ou malversation, aurait porté préjudice quelconque à l'association. Sera considéré comme fraude tout travail ou commerce de la profession qu'un associé fera ou ferait faire à son profit en dehors de l'association; en tout cas, les membres expulsés n'ont droit à aucun remboursement de leurs mises de fonds, ni autre somme par eux versée.

ART. 37. Toutes ces causes, appréciées en conseil de famille, seront, après délibération et en présence des inculpés, décidées à la majorité. Ses décisions seront sans rappel. Par ces motifs, les associés s'interdisent tout recours judiciaire.

ART. 28. L'âge de retraite, pour les associés, est fixé à 60 ans. Néanmoins, ceux qui, par infirmités, seraient, avant cet

cet âge, déclarés et reconnus invalides, seront pensionnés également ; ceux qui, par accident, seraient estropiés et ne conserveraient aucune faculté pour occuper un emploi dans l'association, passeront immédiatement à la retraite, à moins que l'accident soit de nature vicieuse.

ART. 39. En cas de décès les héritiers n'auront droit au remboursement de la mise de fonds du décédé, que dans les conditions de l'article 25, mais ils en retireront intérêt à 3 p. % jusqu'au paiement ; néanmoins, dans des cas de position exceptionnelle, telle que des enfants en bas âge, il pourrait être dérogé de ce principe en leur faveur.

ART. 40. Les héritiers n'auront droit à la succession que jusqu'au deuxième degré de parenté : les associés déclarant l'association leur unique héritière en troisième degré de ce qui leur appartient dans l'association.

ART. 41. Les présents statuts constitutifs, ainsi que le règlement de service et du travail qui y fera suite, seront imprimés et mis en brochures pour être remis au prix d'achat aux associés lors de leur inscription ; sur le premier feuillet seront inscrits les nom et domicile de l'associé, le jour de son admission, signé du directeur ; en cas de démission, le démissionnaire pourra faire inscrire en forme de certificat sur le dernier feuillet, la conduite qu'il aura tenue dans l'association.

ART. 42. La présente constitution, composée de 42 articles, pourra être amendée en assemblée générale. Néamoins il ne sera pris en considération que sur la demande formelle de la majorité des associés ; dans ce cas, avis public en serait donné ; il en sera fait de même pour le Règlement de service, sauf la publicité.

OBSERVATIONS : Pour la formation de l'association le personnel administratif pourra être réduit de ce qu'il sera jugé convenable.

RÈGLEMENT

DE SERVICE ET DE TRAVAIL.

—

TITRE 1er.

Devoirs rentrant dans les attrbutions des fonctions administratives.

Art. 1er. Le directeur peut et doit exercer un contrôle sur le travail particulier à chaque associé, basés sur les pouvoirs que la Constitution lui a conférés; il est seul dépositaire du cachet de la Société.

Les gérants doivent, d'après la Constitution, maintenir l'ordre et la régularité du service dans leurs sections, veiller à la bonne confection du travail fait par chaque associé, dont ils deviennent responsables après livraison au magasin. Ils doivent également rendre le compte de la gestion de chaque mois, huit jours avant la paye, indiquant les marchandises employées, le travail fait et la somme gagnée par chaque associé.

Le teneur de livres tient le grand-livre ou comptabilité générale de l'association, d'après les notes particulières de comptabilité, fournies tous les mois par les gérants des sections, ainsi que, d'après l'insetiption des factures. Il tient aussi le livre portant le rôle nominal des associés, et sur lequel il ouvrira un compte-courant à chacun.

Le Caissier est spécialement chargé de la comptabilité de la caisse de l'association : à cet effet, il tiendra un livre particulier à lui seul, sur lequel il inscrira les rentrées de fonds et leur origine; les sorties et leurs causes; de même il inscrira par numéros d'ordre les factures à lui remises par le teneur de livres, après enaegistrement. Il est de même chargé de la remise des coupons, en échange des versements pour mise de fonds faites par les associés; de même pour les actions, il devra apposer sa signature sur chaque, qui sera sanctionnée par celle du directeur qui y apposera également le cachet de la Société.

Le secrétaire, commis de magasin, est spécialement chargé d'inscrire les commandes de marchandises ou de travail, il est de même chargé de la correspondance, après indications du directeur. Comme commis de magasin il est aussi chargé de la reconnaissance de toutes les marchandises; mais, pour plus de garantie, il devra s'adjoindre un des membres du conseil pour ses opérations; il délivrera également les marchandises nécessaires au service de chaque section, d'après les demandes écrites et signées des gérants.

Art. 2. Les administrateurs doivent remblir leurs fonctions avec zèle, veiller à l'exécution exacte des dispositions de la Constitution, ainsi que du Règlement, et eux-mêmes en donner l'exemple.

Art. 3. Les membres du conseil de surveillance devront, de concert avec le commis, vérifier les factures reconnaître les marchandises et surveiller en outre la gestion particulière des gérants et poursuivre tout contrevenant en conseil de famille.

Art. 4. Le premier dimanche de chaque mois, le conseil de famille se réunira en séance; savoir : du 1er avril au 1er septembre à huit heures du matin, dans l'établissement; du 1er septembre au 1er avril, à neuf heures du matin et dans le même lieu, afin de régler toute difficulté qui pourrail surgir, et fixer le prix des journées pour tout travail qui ne pourrait se faire d'après le tarif.

Art. 5. Tout associé ayant occasionné quelque dommage sera poursuivi par le conseil de surveillance, en séance du conseil de famille, le premier dimanche de chaque mois, ainsi que les contraventions aux dispositions de la Constitutiou et du Règlement; les sommes, jugées nécessaires en réparation des délits ou des dommages, seront aussitôt fixées, soustraites du compte de ceux qui les auront occasionnés; la paie ayant lieu à la levéede la séance du conseil, la retenue sera immédiate et au profit de la caisse.

Art. 6. Il sera établi un magasin de vente au détail (des articles confectionnés de la profession), attenant au bureau de l'établissement. Le directeur est chargé de cette vente, ou à son défaut, le commis de magasin; les fonds provenant de cette vente seront versés entre les mains du caissier; puis tous les samedis soir, déposés en caisse.

TITRE II.

Service de l'atelier.

Art. 7. L'atelier sera ouvert, les jours de travail, à 6 heures moins 10 minutes du matin, et fermé à 6 heures 10 minutes du soir, mais chaque samedi l'atelier ne sera fermé qu'à sept heures, afin que les associés puissent ranger leurs outils, et les hommes de peine et apprentis nettoyer l'atelier.

Art. 8. Les associés doivent à l'établissement : leur temps, leurs forces, leur activité et toute leur intelligence; ils doivent, de plus, faire exister entr'eux tous les rapports d'amitié fraternelle, en se prêtant mutuellement aide et assistance au travail, même dans la vie privée s'il était nécessaire.

Les apprentis doivent être considérés comme les enfants des associés et traités comme tels.

Les hommes de peine doivent être considérés en frères et traités comme tels.

Art. 9. Les associés doivent, dans l'intérêt moral et financier de l'établissement, exécuter ponctuellement les ordres de de service des administrateurs qu'ils se sont choisis ; ils donneront par là un exemple salutaire aux apprentis, qui, eux aussi, doivent, dans leur intérêt, être très assidus et appliqués au travail, ainsi qu'aux écoles gratuites du soir, qui leur seront obligatoires par les conventions d'apprentissage.

Art. 10. Les associés, en entrant en activité, désigneront le genre de travail qu'ils adoptent, comme étant plus capables ; à moins d'impossibilité il sera fait droit à leur demande. Les gérants leur remettront les outils nécessaires, ainsi qu'une note inventaire de ces outils, dont ils deviendront personnellement responsables ; à cet effet, le tiroir de chaque associé fermera à clé.

Les outils, soit par la casse, soit par l'usure, ayant souvent besoin d'être remplacés, les associés qui en auraient besoin remettront les vieux, ou du moins les morceaux, au gérant de leur section respective, qui leur en remettra des neufs ; les gérants feront échange de la même manière avec le commis de magasin et en tiendront compte.

Art. 11. Tout associé qui, sauf cas de maladie ou voyage autorisé, aura perdu, dans le courant de l'année des journées de travail, après estimation de ce que le bénéfice a rapporté par jour à chaque associé, il lui sera retenu au profit de la caisse de secours fraternels, autant de journées de bénéfice que de jours de travail perdus.

TITRE III.

Bureau et caisse de secours fraternels.

Art. 12. L'administration de ce bureau, prise autant que possible en dehors de celle commerciale, se composera ainsi qu'il suit : un président, un caissier, un secrétaire, quatre syndics ; ils seront nommés dans les mêmes conditions expliquées dans la Constitution pour les gérants.

Art. 13. Le président seul a le droit de faire des mandats à percevoir sur la caisse pour le paiement des maladies ou décès. Le caissier ne doit débourser une somme quelconque que sur la présentation de ses mandataires, qu'il devra classer et inscrire par numéro d'ordre.

Le secrétaire tient le livre portant le rôle nominal, ainsi que la demeure des associés, et sur lequel il doit ouvrir un compte-courant à chacun ; il est de même chargé des procès-verbaux des séances.

Les syndics sont classés par numéros d'ordre, et font leur service par mois ; ils ont pour mission spéciale de recevoir les déclarations de maladies et de payer les malades. Les associés ravailleurs doivent, à tour de rôle, visiter les malades deux ₜois par semaine.

Art. 14. Les premiers dimanches de chaque mois, après ₗa paie, le bureau tiendra séance et recevra immédiatement des gérants le montant du versement mensuel des associés de leeur sections ; les gérants devront en faire la retenue en payant les associés ; le directeur frea le versement du personnel du bureau commercial ; le bureau de secours, après avoir reconnu le total des sommes, en extraira ce qui, approximativement, sera jugé nécessaire pour le paiement des malades pendant le mois. Cette somme sera mise à la disposition du caissier du-bureau, qui en deviendra personnellement responsable ; l'ex-cédant sera mis en caisse ; cette caisse sera attenante à l'eta-blissement et fermer à trois clés : l'une entre les mains du caissier, l'autre entre entre les mains du président, la t roisième en possession du gérant-sous-directeur. Les membres du con-seil de surveillance devront également exercer une surveillance sur les opérations de ce bureau, qui, quoiqu'indépendant pour le service, est néanmoins sous le contrôle de l'autorité prin-cipale.

Art. 15. Les syndics feront leur perception le samedi soir, afin de payer les malades le dimanche matin ; à cet effet, ils feront leurs demandes de fonds après le travail. Le président en examinera l'exactitude, enregistrera les demandes signées des syndics et leur délivrera mandat de la valeur indiquant à qui elle est payable. Les syndics percevront ensuite du caissier et passeront quittance ; le caissier devra conserver les mandats et les quittances.

TITRE IV.

Pensions, maladies et décès.

Art. 16. Les pensionnés ne doivent aucun versement à l'as-sociation, n'en faisant plus partie ; mais aussi, eux et leurs héritiers n'ont aucun recours à exercer sur l'apport social. Ils seront par mois à raison de......... de pension par an, néan-moins ce chiffre pourra s'élever selon le bénéfice annuel.

Art. 17. Le sociétaire malade recevra un secours fixe de 2 francs par jour jusqu'à fin de malaladie ; s'il était chargé d'une nombreuse famille, ce secours pourrait être porté jusqu'à 3 francs. Les secours comptent à partir dn jour où le médecin porte son rapport, et sont payables tous les dimanches.

ART. 18. Le sociétaire malade devra faire prévenir le médecin, qui dressera son rapport, s'il y a lieu et le remettra ou le fera remettre au président ; ce dernier devra en faire déclaration immédiate au bureau d'administration, afin que, si le travail l'exige, il soit pourvu au remplacement provisoire du malade.

ART. 19. Le malade devra suivre l'ordonnance du médecin et tenir la chambre, à moins que le médecin déclare, par certificat, que l'exercice de la promenade lui est nécessaire ; dans ce cas, il devra indiquer les heures de sortie et de rentrée du malade, afin que les visiteurs en soient prévenus.

ARTs 20. S'il arrivait, pour une cause quelconque qu'un malade refuse les services du médecin de la Société, celui qu'il pourrait employer serait à sa charge ; néanmoins, le médecin de la Société devra le visiter une fois par semaine pour s'assurer de sa position et faire sa déclaration au besoin ; en tous cas il devra, par déclaration écrite, indiquer les jours que le malade pourrait reprendre ses travaux ; de ce jour, les secours seront suspendus.

ART. 21. Un médecin sera choisi par la Société pour traiter les associés malades, leurs épouses et leurs enfants. Il sera à appointement fixe et devra, au moins deux visites par semaine au malade ; en cas de danger, le danger même nécessiterait les visites.

ART. 22. Tout malade qui se livrerait à un travail quelconque, ou qui, soit chez lui, soit dehors, ferait excès de boissons ou autres, sera, du moment que le bureau en aura connaissance, privé du secours ; les visiteurs et syndics seront chargés de cette surveillance.

ART. 23. Lorsqu'un associé sera décédé, ses parents ou amis devront immédiatement en donner connaissance au président ou au syndic de service ; l'un ou l'autre feront les démarches nécessaires pour les funérailles, qui sont à la charge de la Société ; puis, convocation sera faite de la moitié des sections pour assister au convoi. (En seront exempts les membres de l'administration.)

ART. 24. Les funérailles des épouses sont également à la charge de la Société et dans les mêmes conditions ; à cet effet, la Société arrêtera le chiffre destiné à ces frais, qui seront toujours les mêmes. Les hommes de peine, payant cotisation mensuelle, jouiront des mêmes secours que les associés.

ART. 25. Les frais de maladie ou de décès des pensionnés

ne sont pas à la charge de la Société; mais il sera également fait convocation ponr assister au convoi. Les membres convoqués devront, sous peine d'une retenue de   franc , escorter le convoi jusqu'au cimetière, être vêtu proprement et avoir un crêpe au bras. Lorsqu'un convoi aura lieu le dimanche, toute la Société devra y assister.

ART. 26. Les invalides ou vieillards pensionnés qui seraient célibataires, et qui, soit par infirmités ou par l'âge auraient perdu leurs faccultés morales, et pour lors, seraient incapables de gérer leurs finances, l'administration les placerait dans un établissement convenable et veillerait à ce qu'ils soient bien traités.

Rédigé par le citoyen CLOIREC.

ACTE D'ASSOCIATION FRATERNELLE

DES

Travailleurs Poëliers Tôliers

De la ville de Lyon et faubourgs.

—

Nous, soussignés, tous travailleurs, Pëliers Tôliers, domiciliés à Lyon ou ses faubourgs, déclarons, par le présent, contracter engagement libre et volontaire d'association en noms collectifs et solidaires, pour tout ce qui concerne la confection et le commerce des articles de notre profession;

Déclarons de même, et formellement accepter sciemment la Constitution de Société ci-jointe, et nous soumettre, sans restrictions aucune, à toutes les dispositions et articles qu'elle renferme, nous soumettant de même aux dispositions du Règlement de service et du travail, qui fait suite à la Constitution. Le présent acte sera signé des adhérents, puis déposé, avec la Constitution y annexé, à la Chambre de commerce, puis livré à la publicité.

9 782019 312077